Feuille d'exercices 5

Date :

● Complète ces petits textes en conjuguant le verbe à la bonne personne de l'indicatif présent.

1. Une femme (réveiller) .... son mari en pleine nuit : « J' (entendre) .... du bruit. Un voleur (manger) .... le pâté que j'ai préparé. » Son mari lui (répondre) .... : « J' (appeler) .... la police ou une ambulance ? »

2. Deux mouches (vouloir) .... aller au cinéma. Dehors, il (pleuvoir) .... des cordes. Le vent (souffle) .... très fort. Une mouche (regarder) .... sa compagne et lui (demander) .... : « On y (aller) .... à pied ou on (prend) .... un chien ? »

3. Les enfants (recevoir) .... le problème s᠎ « Un homme (se promener) .... à une vitesse ᠎ En combien de temps (parcourir) .... -il 40 kn Le lendemain, le maître (ramasser) .... les ᠎ Basile ne le lui (rendre) .... pas. Le maître l᠎ (demander) .... pourquoi. Il (dire) .... : père (marcher) .... encore, monsieur ! »

Feuille d'exercices 6   Date :

➥ Complète les mots par « s », « ss », « c », « ç », « t » ou « sc ».

Ma tortue a une épai......e carapa......e.

Le gar......on d'à côté a un la......o de cow-boy.

Je bois une bonne ra......ion de ......oupe !

As-tu re......u un colis de la po......te ?

Je mets un mor......eau de sucre dans mon café.

Nos amis ont une pi......ine dans leur jardin.

Le bébé de ma niè......e commen......e à ramper.

Maman aime les émi......ions de variétés.

La ......ouris grignote la chau......ure de papa.

Es-tu Fran......ais ou ......uédois ?

Lucie aime la gla......e à la pi......tache.

➥ Écris chaque fois deux mots qui finissent par :

-ssion :   ....

                ....

-tion :   ....

                ....

-sion :   ....

                ....

Feuille d'exercices 14

Date :

● Forme le diminutif de ces mots et écris-le sur les pointillés.

malle ....

chaîne ....

fourche ....

statue ....

fille ....

voiture ....

branche ....

chanson ....

casque ....

maison ....

jupe ....

garçon ....

● Retrouve l'adjectif venant de ces adverbes.

méchamment ....

gentiment ....

calmement ....

intelligemment ....

poliment ....

courageusement ....

Feuille d'exercices 15

Date :

- Quel mot est chaque fois l'intrus ? Barre-le et écris pourquoi il n'a pas sa place dans la série.

salamandre – gorille – crocodile – perroquet – musicien

....

saucisse – hamburger – pizza – restaurant – lasagne

....

merlan – lapin – saumon – requin – thon

....

marguerite – tulipe – chêne – pissenlit – crocus

....

bicyclette – chaise – train – voiture – avion

....

- Trouve toi-même des suites logiques de mots dont l'un est un intrus et écris pourquoi.

....

....

....

....

....

....

Feuille d'exercices 16

Date :

➜ Quel groupe de mots dit **où** l'action se passe ?

Exemple : Les garçons jouent sur le terrain de foot.

sur le terrain de foot

• Il y a beaucoup de monde dans le magasin.

....

• Le chat dort depuis ce matin dans son panier.

....

• Maman cherche de vieux livres au grenier.

....

• Dans notre cave, il y a beaucoup de souris.

....

• Le train arrivera à Munich dans deux heures.

....

➜ Note ces groupes de mots dans la bonne colonne.

dans la classe – très fort – ici – demain – avec gentillesse – hier
– doucement – l'année passée – sous la table

COMMENT ?	QUAND ?	OÙ ?

Feuille d'exercices 18

Date :

- Les signes de ponctuation manquent dans ce texte. Écris un point (.), une virgule (,), un double point (:), un point d'interrogation (?) et un point d'exclamation (!) partout où c'est nécessaire.

Les chauves-souris

Les chauves-souris sont des mammifères volants ... Qu'est-ce que cela veut dire ... Cela veut dire qu'elles mettent des petits vivants au monde et qu'elles les nourrissent avec du lait ... Il y a des chauves-souris sur notre planète depuis longtemps ... Les plus vieux fossiles de chauves-souris ont plus de 60 millions d'années ... Ces animaux ont donc eu le temps de se répartir dans toutes les régions du monde ... Il n'y a qu'un endroit où il n'y en a pas ... C'est en Antarctique ... Sais-tu pourquoi ... Naturellement ... car il y fait bien trop froid ...

Les chauves-souris se nourrissent principalement d'insectes ... que nous n'aimons pas trop ... Elles capturent aussi leurs proies en vol ... Elles mangent jusqu'à 800 moustiques par nuit ... Pas mal ... n'est-ce pas ... Elles les avalent en vol ...

Les chauves-souris vivent la nuit ... On les trouve dans les cavités ... les clochers d'église ... les ruines et les autres endroits abandonnés ...

Feuille d'exercices 20

Date :

- Complète les mots par « o » ou « ô ».

h....tel	r......se	p......ser
cr......c.....dile	tr......ne	r......le
r......der	chari......t	dr......le
styl......	casin......	h......pital
sir......p	gr......s	bient......t
dipl......me	all......	le v......tre

- Complète les mots par « a » ou « â ».

b......gue	g......teau	m......rteau
ch......teau	m......l......die	cr......ne
norm......l	......ge	......ctif
......ne	b......n......ne	p......ge
p......tur......ge	m......cher	m......sque
b......tir	ét......ge	p......le

- Cherche et écris un mot avec « î » et un mot avec « û ».

....

- Cherche et écris un mot avec « ê », « e », « é » et « è ».

....

....

Feuille d'exercices 21

Date :

● À la place des points d'interrogation doit venir « t » ou d ».
Cherche ce qui manque et écris le mot en entier sur les pointillés.

méchan? .... gran? ....

crapau? .... sursau? ....

plafon? .... affron? ....

plupar? .... placar? ....

den? .... révéren? ....

renfor? .... bor? ....

● Les syllabes de ces mots sont mélangées. Remets-les à leur place et
écris le mot. La première lettre est donnée pour t'aider.

ci – lec – é – tri – té   é.....................

ra – ex – tri – plo – ce   e.....................

li – gen – tel – ce – in   i.....................

pen – re – cu – per – di – lai   p.....................

phe – tho – gra – or   o.....................

di – ge – na – jar   j.....................

bu – nam – som – le   s.....................

ca – dra – thé – le   c.....................

ar – tec – chi – tu – re   a.....................

re – çoi – lan – ba   b.....................

mi – re – mam – fè   m.....................

Feuille d'exercices 22　　　　　Date :

● Mets ces phrases au futur simple. Écris-les sur les pointillés.

Maman prépare une tarte aux pommes.

....

Papa conduit la voiture au garage.

....

Ma sœur lit un beau livre.

....

Mon voisin tond sa pelouse.

....

Je peins un beau tableau.

....

Tu prends encore une part de gâteau ?

....

● Mets à présent le sujet au pluriel et écris les phrases en n'oubliant
pas d'accorder le verbe (toujours au futur simple).

....

....

....

....

....

....

Feuille d'exercices 23

Date :

- Écris ces adjectifs au féminin.

beau

mignon

dominateur

propre

malin

actif

rêveur

- Les mots ci-dessous sont des adverbes. Trouve l'adjectif. Regarde l'exemple.

férocement *féroce*

gentiment

éternellement

patiemment

bellement

- Fais l'inverse : trouve l'adverbe.

lent

doux

rapide

réel

Feuille d'exercices 25

Date :

● Les mots ci-dessous ont été infectés par le virus p. Enlève tous les p et écris le mot sur les pointillés.

pmpapnpdpaprpipnpep

cpoprpnpipcphpopnp

pspapupcpipspspopnp

pmpaprpgpupeprpipteep

pcphpopupeptptpep

pbpopnphpepuprp

pvpopiptpuprpep

pcpapmpipopnpnpeptptpep

ipmpmpepupbpleep

ptpaprptpeplpeptptpep

● Quel mot, dans chaque rangée, est un verbe ? Entoure-le.

pouvoir – miroir – rasoir – désespoir – trottoir

pire – rire – cire – vampire – délire

polaire – affaire – plaire – notaire – repaire

croire – mémoire – armoire – histoire – passoire

désordre – ordre – mordre –contrordre – porte

cahier – aimer – écuyer – vitrier – ouvrier

Feuille d'exercices 26

Date :

- Complète les phrases avec les bons mots. Chaque mot a sa place dans deux phrases, avec un sens différent.

Choisis parmi : bon – son – temps – bout – fils – joue – suis – boutons – laisse.

Le petit garçon .... dans la cour de récréation.

Mon frère a de l'acné ; son visage est couvert de ....

Manger des fruits et des légumes est .... pour la santé.

Les .... de mon voisin vont à l'université.

Pierre rentre à l'école ; .... nouveau cartable est joli.

L'eau .... et tu peux éteindre la cuisinière.

........................-moi faire ; je .... déjà grand !

Il fait froid ; ferme bien tous les .... de ta veste.

J'ai acheté une nouvelle .... pour promener mon chien.

Mon papa part en voyage pendant quelque ....

Ce .... d'achat est valable six mois.

Pour ce pull, j'utilise des .... de toutes les couleurs.

Cet avion vole très vite ; il va passer le mur du ....

Je suis allé chez le dentiste et ma .... est gonflée.

Le .... est beau aujourd'hui ; il y a du soleil.

Le .... de la ficelle s'est cassé.

Je .... le voleur. Je veux savoir où il va.

Feuille d'exercices 27

Date :

● Écris les mots dans la bonne colonne.

> observer – estimer – hurler – imaginer – se promener – clamer – contempler – avancer – s'époumoner – se balader – dévisager – croire

crier

....

....

....

marcher

....

....

....

regarder

....

....

....

penser

....

....

....

● Quel mot est l'intrus ? Barre-le.

• **prendre :** saisir – agripper – laisser – s'emparer

• **dire :** parler – affirmer – énoncer – copier

• **donner :** voler – offrir – remettre – fournir

• **rire :** rigoler – détruire – s'esclaffer – s'amuser

• **écrire :** noter – rédiger – gribouiller – accepter

• **moudre :** broyer – concasser – résister – écraser

Feuille d'exercices 28

Date :

- Complète les mots avec la bonne finale, pour faire des phrases correctes. Choisis parmi : -al, -ale, -el, -elle.

Ce soir, ce sera la grande fin............. du concours de la chanson !

Ta sœur est-elle laide ou b............. ?

Dans quelle classe matern............. est ta petite sœur ?

Nous recevons un rapport mensu............. de notre travail.

Chouette ! Demain, nous allons au carnav............. !

La nouv............. jupe de maman est très origin.............

Notre amour sera étern............., je te le promets !

La méchante sorcière est cru............. avec les animaux.

Il travaille dans l'armée ; c'est un génér............. !

Luc a eu deux sur vingt ; ce n'est pas norm............. !

Papa sort la poub............. chaque semaine.

- Écris ces mots au féminin.

ancien ....

patron ....

malin ....

brun ....

voisin ....

artisan ....

certain ....

Feuille d'exercices 29

Date :

- Qui dit ce message ? Choisis parmi : vétérinaire, facteur, vendeur, coiffeur, gendarme, instituteur, pharmacien, client, enfant, médecin.

« Voici votre pull. Cela fera 22 euros. »

« Bonjour Madame, j'ai une lettre pour vous. »

« Vous roulez trop vite. Vous aurez une amende ! »

« Je vous prescris ce médicament, vous guérirez vite. »

« Votre chat doit être opéré d'urgence ! »

« Prenez vos cahiers et commencez à lire ! »

« 200 grammes de fromage, s'il vous plaît. »

« Voici le sirop prescrit par votre médecin. »

« Maman, je peux avoir un bonbon ? »

« Voulez-vous que je coupe beaucoup ? »

- Et de qui viennent ces messages ?

« Sans pneu crevé, j'aurais gagné. »

« Regarde bien ! Je vais faire disparaître ce lapin. »

« J'aime qu'il y ait beaucoup de fans à mon concert. »

« Je l'ai battu à la course. »

« Nous réparerons votre voiture cet après-midi. »

« Mon premier roman est paru il y a deux ans. »

« Bonjour, ma petite nièce. Tu viens loger chez moi ? »

« Docteur, j'ai mal à la gorge depuis deux jours. »

Feuille d'exercices 30

Date :

● Mets ces phrases à la forme négative. Écris-les sur les pointillés.

Maman prépare des muffins pour la fête de Sara.

....

Papa s'achète une nouvelle voiture chaque année.

....

Mon frère et moi faisons de l'équitation le samedi.

....

Isabelle écrit une lettre à son amoureux.

....

Ma cousine se marie dans un mois.

....

● Les lettres de ces mots sont mélangées. Remets-les dans le bon ordre. Un indice : ce sont tous des animaux.

chine   ....   ruosis   ....

nespter   ....   ricana   ....

chcoon   ....   tuomon   ....

dphauin   ....   rmifou   ....

● Quel mot ne convient pas dans la série ? Barre-le et explique pourquoi.

brebis – truie – jument – chiot – hase

Feuille d'exercices 31

Date :

- Quelle est la cause ? Et quelle est la conséquence ? Relie chaque cause de la colonne de gauche à sa conséquence à droite.

boire trop d'alcool être en bonne condition physique
rouler trop vite attraper un rhume
manger trop être puni
faire du sport être mouillé
ne pas étudier ses leçons devenir trop gros
désobéir tomber en panne
ne pas s'habiller chaudement être saoul
oublier son parapluie avoir de mauvais points
oublier de prendre de l'essence avoir un accident

- Complète les phrases avec « a » ou « à ».

Marc .... une nouvelle petite amie. Il l' .... rencontrée ....

l'école. Elle .... des cheveux blonds et des yeux bleus. Ce week-end,

il l'emmène .... la mer. Il .... de nombreux projets : se promener

.... pied dans les dunes, faire une balade .... cheval sur la plage

et rentrer .... vélo .... la maison. Marc est très heureux ; il ....

beaucoup de chance !

- Cherche un nom d'animal qui commence par « a », un qui commence par « b » et un qui commence par « c ».

a................... b................... c...................

Feuille d'exercices 32

Date :

● Les phrases de ces blagues ne sont pas dans le bon ordre. Écris la blague en replaçant les phrases à leur place.

• L'homme répond : « C'est parce qu'on le déchire toujours à l'entrée. »
• La dame à la caisse lui demande : « Mais pourquoi achetez-vous huit fois le même ticket ? »
• Un homme revient pour la huitième fois au guichet du cinéma et achète à nouveau un ticket.

....

....

....

....

....

• Il demande au serveur combien coûte une goutte de champagne.
• Un homme entre dans un restaurant.
• « Bien, dit l'homme, remplissez donc mon verre de gouttes... »
• Le serveur répond : « Rien du tout. »

....

....

....

....

Feuille d'exercices 35

Date :

- Souligne les lettres qui doivent être écrites en majuscule.

sais-tu que les fourmis savent compter ?
les scientifiques de paris et de montréal ont découvert que les fourmis calculaient précisément les distances avec leurs pattes. on savait
déjà qu'elles pouvaient déterminer leur direction en regardant le
ciel. on sait à présent qu'elles déterminent les distances en comptant
leurs pas. les chercheurs suisses ont effectué un test avec un groupe
de fourmis. les petites bêtes devaient courir à travers un tunnel pour
arriver à de la nourriture. dès qu'elles atteignaient les aliments, leurs
pattes étaient soit allongées avec une sorte d'attelle, soit raccour-
cies par amputation (aïe !), soit laissées telles quelles. ensuite, elles
devaient rentrer dans leur fourmilière. les fourmis aux longues pattes
dépassaient leur nid, les autres s'arrêtaient trop tôt. les fourmis aux-
quelles on n'avait rien changé aux pattes calculaient correctement la
distance et retrouvaient leur fourmilière.

- Les mots en *italique* sont tous écrits en minuscules. Leur faut-il
  une majuscule ? Fais une croix dans la bonne colonne.

	Oui	Non
Les *français* aiment le vin.		
Le vin *français* est délicieux.		
J'aime le fromage *suisse*.		
berlin est une belle ville.		
Marc visite le *japon* cette année.		

Feuille d'exercices 36

Date :

● Lis les blagues et amuse-toi. Colorie dans le texte les noms communs en bleu et les adjectifs en vert.

« Quel beau chien vous avez ! »
« Oui, nous voulions un grand chien, pour monter la garde et surveiller notre grande maison. »
« Et c'est un bon gardien ? »
« Oui, il n'a pas fermé l'œil de la nuit... et nous non plus !

« As-tu mis de l'eau propre dans le bocal des poissons ? » demande une maman à son petit garçon.
« Non, ils n'ont pas encore bu l'autre ! » répond le petit polisson à sa maman.

● Écris les articles devant ces mots. Dois-tu écrire « le » ou « la » ?

.... pharmacie   .... médicament   .... dromadaire

.... limaçon   .... guichet   .... guenon

.... dauphin   .... sauterelle   .... grillon

.... garage   .... crochet   .... réponse

● Écris une phrase avec un complément...

de temps : ....

de lieu : ....

de manière : ....

Feuille d'exercices 39

Date :

- Quel est le but ? Quel est le moyen ? Écris les groupes de mots dans la bonne colonne, comme dans l'exemple.

bien étudier
laver le vélo
devenir un champion de foot
acheter un mp3
manger des pommes de terre
allumer la lumière
acheter un ballon de foot
nourrir mon âne
acheter un livre d'histoires

avoir de beaux points
rouler avec un vélo propre
bien s'entraîner
écouter de la musique
planter des pommes de terre
trouver le chemin vers les toilettes
devenir un bon footballeur
acheter du pain
lire

BUT

marquer un but

MOYEN

taper fort dans le ballon

Feuille d'exercices 40

Date :

- Transforme ces phrases en phrases interrogatives. Regarde d'abord l'exemple.

Le perroquet sait dire des mots.

Le perroquet sait-il dire des mots ?

La maman de Laura travaille à la bibliothèque.

....

Thomas lit avant de s'endormir.

....

Papa part chaque matin en voiture.

....

Ma sœur mange deux tartines chaque midi.

....

La maîtresse est très gentille avec les élèves.

....

Il me faut du chocolat pour cette recette.

....

Hier, le médecin est venu à la maison.

....

Laura fait de la gymnastique à l'école.

....

Feuille d'exercices 41   Date :

● Écris près de chaque phrase qui dit le message (= émetteur)
et à qui le message est destiné (= récepteur). Regarde d'abord
l'exemple.

Choisis parmi : agent de police – athlète – boulanger – DJ – médecin
– cycliste – enfant – client – client – cuisinier – apprenti cuisinier –
lecteur – maman – patient – auditeur – écrivain – téléspectateur –
entraîneur – vendeuse – monsieur météo.

ÉMETTEUR		RÉCEPTEUR
instituteur	« Écris proprement ! »	*élève*
....	« Voulez-vous un pain blanc ou gris ? »	....
....	« Vous avez une grippe. »	....
....	« Cours 10 kilomètres à fond. »	....
....	« Madame, votre phare arrière ne fonctionne pas ! »	....
....	« Je voudrais ce pantalon dans la couleur bleue. »	....
....	« Il est sept heures, debout ! »	....
....	« N'oublie pas d'éteindre le four. »	....
....	« Demain, il fera froid ! »	....
....	« Voici un CD de Max Golson. »	....
....	« Pouvez-vous me dédicacer ce livre ? »	....

Feuille d'exercices 42

Date :

● Écris le bon homonyme dans chaque phrase.

maître – mètre – mettre

Il est temps de .... chaque chose à sa place.

Ce chien a un très gentil ....

La porte fait un .... de large.

cher – chair – chaire

Marc est son plus .... ami.

Le prêtre est dans sa .... de vérité.

La .... de cette tomate est bien juteuse.

père – perd – paire

J'ai une nouvelle .... de lunettes.

Il .... souvent à ce jeu.

Le .... de mon ami est policier.

● Complète les mots par « a » ou « â ».

cr.....paud   .....ge   pl.....tre

ch.....teau   fl.....ner   cr.....ne

● Complète les mots par « i » ou « î ».

ab.....mer   .....le   cr.....se

bo.....te   fa.....t   na.....tre

Feuille d'exercices 43

Date :

● Complète les mots par « en », « em », « an » ou « am ».

m......teau	sil......ce	ch......bre
serg......t	b......c	t......ps
éch......ger	dem......der	m......ton
coll......t	étonn......t	ass......bler
bal......ce	p......dre	s......tier

● Complète les mots par « ain », « aim », « in » ou « im ».

s......ge	gr......per	bass......
poul......	f......	s......ple
v......queur	m......ce	dem......
t......bre	médec......	écriv......
......poli	mal......	......possible

● Complète les mots par « on » ou « om ».

c......pagn......	c......tre	mais......
s......bre	c......parer	m......tagne
coch......	p......dre	b......bone
tr......pe	p......pier	t......dre
mel......	can......	d......pteur

Feuille d'exercices 44

Date :

- Relie chaque mot de la première colonne à un mot de la deuxième colonne, pour former un mot composé. Écris-le sur les pointillés sans oublier le trait d'union.

porte	dernier	....
tire	croûte	....
avant	pierre	....
grand	bouchon	....
casse	plume	....
lance	père	....

- Connais-tu les noms des petits des animaux ? Écris-les sur les pointillés.

mouton	....
vache	....
cochon	....
cheval	....
lapin	....

- Voici des noms de femelles. Quel est le mâle ?

jument	....
truie	....
hase	....
guenon	....
brebis	....

Feuille d'exercices 45

Date :

- Les mots de la colonne de droite sont le contraire de ceux de gauche. Relie chaque mot à son contraire.

nord	noir
près	fin
ouvert	fermé
mensonge	lent
rapide	dehors
début	loin
dedans	vérité
beaucoup	peu
facile	mauvais
bien	sud
blanc	difficile

- Prends ton dictionnaire et cherche le mot qui se trouve juste avant et juste après le mot donné.

AVANT   APRÈS

....   charme   ....

....   principe   ....

....   cerfeuil   ....

....   montagne   ....

....   poignée   ....

....   souple   ....

Feuille d'exercices 46 Date :

- Imagine que tu as écrit une lettre à ton meilleur ami ou ta meilleure amie. Note son nom et son adresse sur l'enveloppe. Écris aussi tes coordonnées à l'arrière de l'enveloppe. N'oublie pas les majuscules !

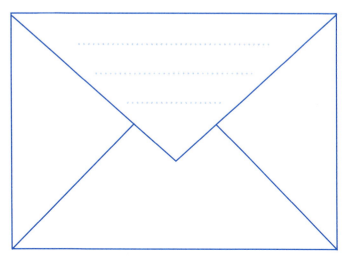

Feuille d'exercices 47

Date :

● Trouve la première lettre de ces mots, puis classe-les par ordre alphabétique.

les sports

1. .... atation
2. .... oxe
3. .... yclisme
4. .... quitation
5. .... ennis
6. .... ourse
7. .... olley-ball

....

....

....

● Écris les verbes à la bonne personne de l'indicatif présent.

1. Jean (s'en aller) .... à la mer avec sa famille.

2. Ils (se promener) .... sur la plage.

3. Tu (pêcher) .... beaucoup de poissons ?

4. Ma sœur et moi (s'aimer) .... très fort.

5. Je (prendre) .... des cours de tennis.

6. Vous (vouloir) .... encore un peu de café ?

7. Le train (arriver) .... à deux heures.

8. Maman (peindre) .... un beau tableau.

Feuille d'exercices 48

Date :

● Écris ces chiffres en toutes lettres.

28	129 ....
80	83 ....
20	200 ....
306	53 ....

● Complète les verbes dans ces phrases avec « é » ou « er ».

As-tu mang......... le gâteau que je t'ai donn......... ?

Il a oubli......... de me donn......... ses clés.

Il faut escalad......... cette colline pour y arriv......... .

J'ai rang......... ma chambre ; je serai récompens......... .

Tu t'es tromp......... ; tu dois recommenc.........

Qui a cri......... dans la cour avant de tomb......... ?

Le bébé de Julie a commenc......... à march......... .

● Complète par « er » ou « ez ».

Voul.........-vous accompagn......... votre dessert d'un thé ?

Vous décider......... de la meilleure route à emprunt......... .

Si vous n'aim......... pas ce plat, il faut le jet......... .

Qui peut m'expliqu......... ce qu'il faut calcul......... .

On me donnera demain les photos que vous avi......... prises.